LA SOIRÉE DES *BOULEVARDS*,

Ambigu mêlé de Scènes, de Chants, & de Danſes :

Repréſenté, pour la premiere fois, par les Comédiens Italiens Ordinaires du Roi, le 13 *Novembre* 1750.

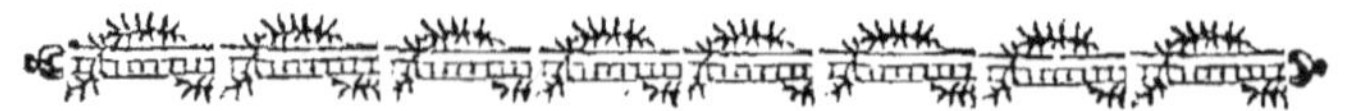

ACTEURS.

UN GARÇON LIMONADIER.
UN CATALAN.
LE CHEVALIER DE VENTILLAC.
M. BRIDAUT.
M. CRAQUET.
M. GOBE-MOUCHE.
UN MARCHAND CLINQUAILLER.
UNE PETITE MARCHANDE DE CROQUET.
Madame DU RÉZEAU.
MARTON.
M. DE L'ESCOMPTE.
DEUX MARCHANDS DE CHANSONS.
Madame BONTOUR.
Monſieur BONTOUR.
Mlle. CHOUCHOU.
LA VICTOIRE, Grenadier.
GRIFFONET, Clerc de Procureur.
UN SOLDAT DU RÉGIMENT D'ORLÉANS.
SAVOYARDS, SAVOYARDES.
SOLDATS, & Gens de différens états.

LA SOIRÉE DES BOULEVARDS.

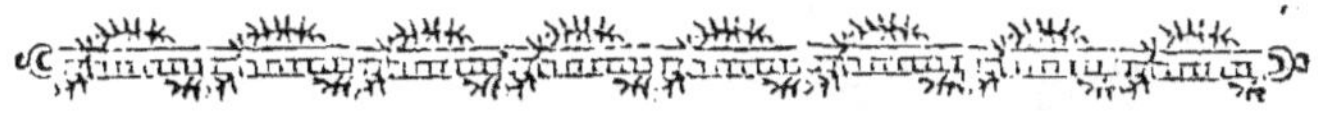

Le Théâtre représente la partie des beaux Boulevards illuminée ; plusieurs tables sont dans le fond & sur les aîles, au pied des arbres. Différentes personnes de tous les états y sont assises : des Catalans font danser des Marionnettes sur une planche, au son des hautbois & des cornemuses.

SCENE PREMIERE.

LE CHEVALIER DE VENTILLAC, M. BRIDAUT, *jouant aux échets*, UN CATALAN.

UN CATALAN.

ALLONS gai, Marionnettes,
Donnez-vous des airs gentils ;
Vos façons & vos courbettes
Sont en vogue dans ce pays.

On voit faire vos pirouettes
Aux Financiers, aux Robins, aux Marquis.
On ne rencontre à présent à Paris
Que Marionnettes.

Minaudez, vieille Coquette,
Coëffez-vous en papillon;
D'une fille à la jaquette
Affectez le petit ton.
Vous, Barbon, galant à lunettes,
Prenez les airs d'un petit Adonis :
On ne voit plus à présent à Paris
Que Marionnettes.

M. BRIDAUT.

Au diable soit la musique ; j'ai perdu.

LE CHEVALIER, *aux Catalans.*

Retirez-vous, Faquins.

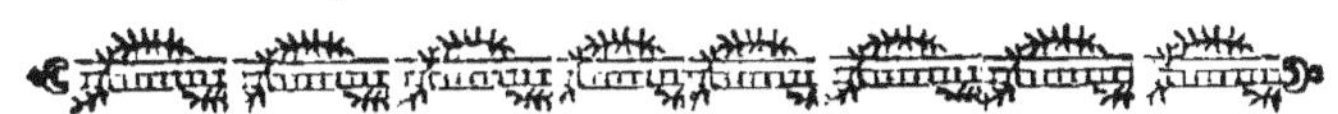

SCENE II.

LE CHEVALIER, M. BRIDAUT, LE GARÇON DE CAFFÉ.

LE CHEVALIER.

GARÇON !

LE GARÇON.

On y va. (*A la Cantonnade.*) Hé ! la Ripopée, donnez de l'Orgeat à ces Messieurs, & de l'eau des Barbades à ces Dames.

LE CHEVALIER.

Garçon !

LE GARÇON.

Allons, allons. (*A la Cantonnade*) Que l'on porte une tasse de Chocolat à ce vieux Commandeur, qui est avec cette jeune fille.

LE CHEVALIER.

Garçon ! viendras-tu, bélitre ?

LE GARÇON.

Parbleu ! on ne sçauroit servir tout le monde à la fois.

LE CHEVALIER.

Parle donc, hé ! Maroufle ; tu dois tout quitter, quand le Chevalier de Ventillac t'appelle.

LE GARÇON.

Hé bien ! que voulez-vous ?

LE CHEVALIER.

Donne-moi un verre d'eau.

LE GARÇON, *à part.*

La bonne chienne de pratique !

LE CHEVALIER.

Que dis-tu ?

LE GARÇON.

Que vous allez être fervi.

M. BRIDAUT.

Ecoute, écoute ; Garçon, as-tu la Gazette ?

LE GARÇON.

Elle n'eft pas encore arrivée ; mais voici les petites affiches.

LE CHEVALIER.

Donne toujours en attendant ; emporte ces échets. (*A M. Bridaut.*) Tenez, Monfieur Bridaut, lifez.

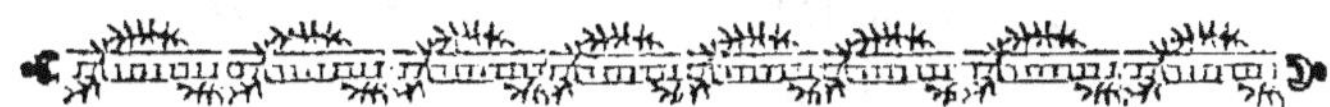

SCENE III.

LE CHEVALIER, M. BRIDAUT.

M. BRIDAUT.

LISONS; pour moi, je tiens que rien n'orne tant l'esprit que les lectures utiles. (*Il lit.*) Biens Seigneuriaux, Terres, Châteaux & Seigneuries du Marquis Pharaon à vendre par Décret forcé.

LE CHEVALIER.

Passons, passons; j'ai assez de biens Seigneuriaux.

M. BRIDAUT.

Biens en roture.

LE CHEVALIER.

Fi donc! qui est-ce qui achette de ces miseres-là?

M. BRIDAUT *lit.*

Vente d'effets de la succession de Monsieur Bartolin, Avocat suivant la Cour, rue du Petit-Hurleur. Un Cabriolet, un Déshabillé en chenille, Plumets blancs, & nœuds d'épée de la derniere mode, collection de Musique Italienne, une Guittare & une Vielle ; point de livres de Droit.

(Pendant que Bridaut lit, le Chevalier tire de sa poche un petit pain d'un sou, en fait des mouillettes & les trempe dans son verre d'eau.)

M. BRIDAUT *continue.*

De M. l'Abbé Fignolet, rue Poupée ; une caisse d'Éventails, vingt pieces de Rubans à la Frivolité, à la Bastienne & à la Tronchin, Jartieres brodées, Coupons de différentes étoffes propres à faire des mules, Boëte à mouches émaillée, Lorgnettes d'Opéra, Toilette portative, & une collection de petits Romans, dont la Vente se fera après la Vacation.

LE CHEVALIER.

Après la Vacation!

M. BRIDAUT *lit.*

Toutes sortes de Vins & de Liqueurs fines, Linges de table, Batterie & Ustensiles de cuisine, après le décès de M. Gras-double, Chanoine d'Avalons, Place aux Veaux.

LE CHEVALIER.

Il s'attachoit au solide.

M. BRIDAUT.

Très-bel équipage de chasse complet, de la succession de M. Carnage, Docteur en Médecine, rue de la Mortellerie.

LE CHEVALIER.

Doucement, doucement, Messieurs de la Faculté; c'est bien assez que vous exerciez votre humeur massacrante dans les Villes, sans dépeupler encore nos plaines.

M. BRIDAUT.

Demandes particulieres. Un homme de la premiere considération auroit besoin, pour l'éducation de son fils unique, d'un Précepteur qui sçût au moins lire & écrire; les gages sont de 300 livres. La même personne auroit aussi besoin d'un bon Cuisinier, dont les honoraires seront de cent louis sans les profits; il sera reçu à l'essai; il y aura concours.

LE CHEVALIER, *trempant sa mouillette.*

C'est un homme judicieux; vive la bonne chere!

M. BRIDAUT.

Un jeune homme qui vient d'hériter de 300000 écus, voulant employer son argent à des acquisitions utiles & honorables, prie en conſéquence les perſonnes qui auront à vendre des oignons de Tulipes, des Magots, des Porcelaines & des Papillons, d'en donner avis dans la prochaine Feuille.

LE CHEVALIER.

Ah! Voilà Monſieur Craquet, la fleur des Politiques du Palais-Royal.

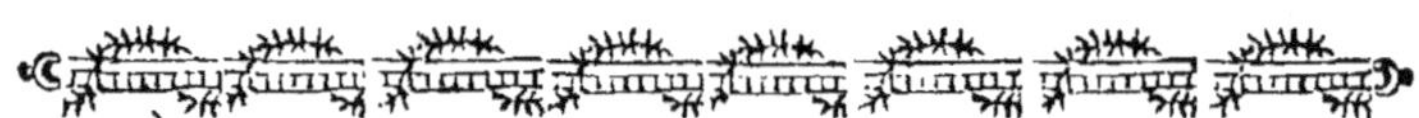

SCENE IV.

M. CRAQUET, M. BRIDAUT, M. GOBE-MOUCHE, LE CHEVALIER.

M. CRAQUET.

BONJOUR, Meſſieurs.

M. BRIDAUT.

Et Monſieur Gobe-Mouche, bel-eſprit, auſſi brillant que profond!

M. GOBE-MOUCHE.

Ah! Monſieur!

LE CHEVALIER.

Mettez-vous là.

M. BRIDAUT.

Eh bien ! quelles nouvelles ?

M. CRAQUET.

L'Empereur du Japon vient de déclarer la Guerre au Mogol ; il a déja envoyé par terre soixante-mille charriots de munitions pour faire le siege de Déli.

M. BRIDAUT.

Diable !

LE CHEVALIER.

Ecoutez donc, Messieurs ; voilà qui peut faire changer les affaires de l'Europe. Qu'en pense Monsieur Gobe-mouche ?

M. GOBE-MOUCHE.

Eh! mais... mais... Messieurs. . hé, hé....

LE CHEVALIER.

Je suis de votre sentiment.

M. CRAQUET.

On assûre que la place ne tiendra pas plus de sept à huit mois.

LE CHEVALIER.

Je gage pour neuf.

M. BRIDAUT.

Vous moquez-vous ? Je la prendrois, moi qui vous parle, en deux fois vingt-quatre heures ; morbleu ! j'ai un projet....

LE CHEVALIER.

Où en avez-vous tant appris, Monsieur Bridaut? est-ce dans vos livres de compte?

M. BRIDAUT.

Doucement, M. le Chevalier : ne méprisons personne; quoique Marchand Papetier, j'en sçais peut-être autant que vous. Apprenez que c'est moi qui fournis le Bureau de la Guerre, & que par conséquent je dois être au fait.

LE CHEVALIER.

C'est tout ce que vous pourriez dire, si vous aviez été comme moi dans le service.

M. CRAQUET.

Et moi donc, corbleu!

M. GOBE-MOUCHE.

Entendons-nous, Messieurs.

M. CRAQUET.

Oui, ne nous écartons point : tout ce que l'on peut espérer, c'est que le Turc envoye une Flotte au secours.

M. BRIDAUT.

La ville seroit prise avant. Je ne m'en tiendrois pas-là. J'irois tout de suite à Constantinople; je n'aurois que le Nil à passer.

LE CHEVALIER.

Le Nil ! Eh ! où diable prenez-vous le Nil, Monſieur Bridaut ?

M. CRAQUET.

C'eſt un Fleuve de Tartarie.

LE CHEVALIER.

De Tartarie, de Tartarie !... je m'en rapporte à Monſieur Gobe-mouche.

M. GOBE-MOUCHE.

Hé, hé ! Meſſieurs..... Meſſieurs..... A dire la vérité.... on ſçait..... parbleu ! cela parle tout ſeul.

LE CHEVALIER.

Je ſuis charmé que vous me donniez raiſon.

M. BRIDAUT.

Qu'appellez-vous ? C'eſt bien à moi.

M. CRAQUET.

Voyons la Carte.

LE CHEVALIER.

Holà ! Garçon, la Carte.

LE GARÇON.

Comment, la carte ! Pour un verre d'eau !

M BRIDAUT.

On te demande la Carte de l'Europe.

LE CHEVALIER.

Vous allez voir votre bec jaune, Monſieur Bridaut.

M. GOBE-MOUCHE.

Eh! oui, oui, vous allez voir, vous allez voir ſi j'ai tort.

M. CRAQUET.

La voilà.

LE CHEVALIER *renverſe ſon verre d'eau ſur la Carte.*

Remarquez bien; tenez, Monſieur, voilà le Nil.

M. BRIDAUT.

Garre, garre; voilà le Nil qui ſe déborde.

LE CHEVALIER.

Eh! que diable! C'eſt que vous m'impatientez avec vos ignorances.

M. BRIDAUT.

Vous êtes un impertinent.

M. CRAQUET.

Eh! Meſſieurs, Meſſieurs.

M. GOBE-MOUCHE.

Entendons-nous, entendons-nous.

LE CHEVALIER, *donnant un ſoufflet à M. Bridaut.*

Sandis! voilà pour t'apprendre à vivre.

(Bridaut le rend à Craquet, qui le rend à Gobe-mouche.)

M. GOBE-MOUCHE.

Entendons-nous, Meſſieurs.

(Chacun ſuit d'un côté différent.)

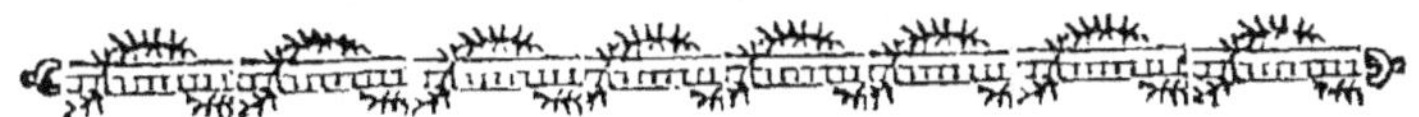

SCENE V.

UN PETIT MARCHAND CLINQUAILLER.

Air : *achetez*, &c.

ACHETEZ de mes bagatelles,
Je vends de tout à juste prix ;
Peignes d'ivoire pour les Belles,
Peignes de corne pour les Maris ;
V'là des pompons pour ces D'moiselles,
Et de jolis étuis garnis :
V'là des sifflets pour les Pieces nouvelles ;
Depuis long-temps j'en fournis à Paris.
Achetez de mes bagatelles,
Je vends de tout à juste prix.

V'là pour les prudes Coquettes
Des éventails à lorgnettes ;
Des lanternes pour les Jaloux ;
Pour les Argus, v'là des lunettes :
Venez tous faire vos emplettes ;

J'ai des bijoux de tous les goûts ;
Fines éguilles
Pour ces Filles ;
Pour les Abbés, v'là des flacons ;
Des cure-dents pour les Gascons.
Achetez de mes bagatelles,
Je vends de tout à juste prix ;
Peignes d'ivoire pour les Belles,
Peignes de corne pour les Maris.

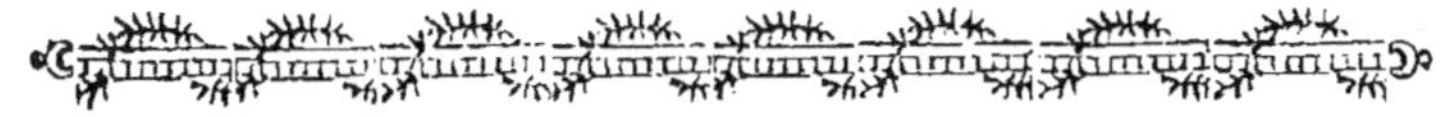

SCENE VI.

LE CLINQUAILLER, LA PETITE MARCHANDE DE PLAISIR.

LA MARCHANDE.

V'LA la p'tit' Marchand' de plaisir;
Qu'est-c'qui veut avoir du plaisir?
Venez Garçons, venez Fillettes:
J'ai des croquets, j'ai des gimblettes,
Et des bonbons à choisir.
V'là la p'tit' Marchand' de plaisir;
Du plaisir, du plaisir.

LE CLINQUAILLER.

Ecoute, écoute, Louison; as-tu déja beaucoup vendu, mon Enfant?

LA MARCHANDE.

Non, Papa; mais voilà un louis qu'un Monsieur m'a donné pour remettre tantôt un billet à une Dame qu'il doit épouser, & qu'il m'a fait connoître.

LE CLINQUAILLER.

Donne, c'eſt toujours quelque choſe : les honnêtes gens ſe ſoutiennent comme ils peuvent ; mais auras-tu aſſez d'adreſſe pour t'acquitter de ta commiſſion ?

LA MARCHANDE.

Oh! que oui, Papa ; ce n'eſt pas mon coup d'eſſai.

LE CLINQUAILLER.

Peſte !

LA MARCHANDE.

C'étoit moi qui allois porter les billets que Maman écrivoit dès que vous étiez ſorti.

LE CLINQUAILLER.

Ah! la petite Maſque !

LA MARCHANDE.

Qu'avez-vous donc, Papa ?

LE CLINQUAILLER.

Rien, rien : va de ton côté & moi du mien. Il faut avouer que voilà une petite Fille qui a d'heureuſes diſpoſitions. (*Il ſort en chantant.*) Achetez des boutons, tons, tons, des boutons d'Allemagne, des boutons d'Tombac.

LA MARCHANDE, *s'en allant.*

V'là la p'tit' Marchand' de plaiſir, &c.

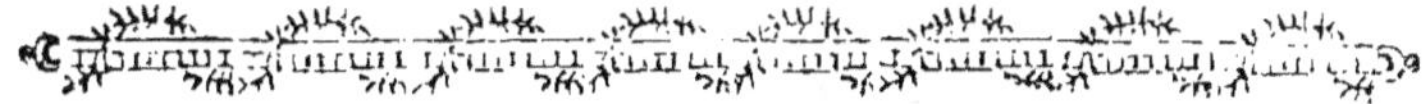

SCENE VII.

Madame DU REZEAU, MARTON.

MARTON.

IL me ſemble, Madame, que vous ſoutenez l'état de Veuve aſſez gaiement.

AIR : *Prenons au Village une Maitreſſe.*

Des liens fâcheux du Mariage,
Heureuſe qui peut ſe dégager ;
Mais on perd ſon temps dans le veuvage,
Quand on n'a point l'art de s'en dédommager.
L'oiſeau qui s'échappe de ſa cage,
De la liberté ſent l'avantage.
Le partage
Du bel âge
Eſt d'en faire un bon uſage.

Madame DU REZEAU.

Depuis cinq ans, veuve avec courage,
Un pareil état commence à m'affliger.
Toutes les nuits,
Dans les ennuis,

Veuve se plaint,
Soupire & craint.

MARTON.

Votre Epoux fatigant
Etoit un ours.

Madame DU REZEAU.

Il me grondoit souvent;
Mais pas toujours.
Si j'avois des tourmens,
J'avois aussi de bons momens.

MARTON.

Un petit bien, fait à propos,
Fait oublier bien des maux.
Mais ne regrettez point votre esclavage,
Vous devez songer
A vous dédommager.

Madame DU REZEAU.

Marton, as-tu dit au cocher de se trouver, à trois heures du matin, vis-à-vis le grand Caffé?

MARTON.

Oui, Madame: nous passerons donc ici la nuit?

Madame DU REZEAU.

Oui, Monsieur le Chevalier de Boute-selle nous y donne à souper.

MARTON.

Sans Mademoiſelle votre Fille....

Madame DU REZEAU.

Sans Mademoiſelle ma Fille: qu'avons-nous beſoin de cette petite Mijaurée? Je ſuis fort mécontente de ſes manieres.

MARTON.

Que vous a-t-elle donc fait?

Madame DU REZEAU.

Comment! ce qu'elle m'a fait? A peine a-t-elle dix-huit ans, qu'elle veut déjà ſe donner les airs d'être jolie aux dépens de ſa Mere!

MARTON.

Cela n'eſt pas bien.

Madame DU REZEAU.

Je ne ſaurais parvenir à lui faire mettre un fichu: quand on la regarde, elle ſe redreſſe toujours, & reſpire d'une maniere tout-à-fait impertinente.

MARTON.

Ah! le mauvais caractere!

Madame DU REZEAU.

Il ſemble qu'elle prenne à tâche de cauſer des diſtractions à ceux qui me parlent.

MARTON.

Vous avez raiſon ; Monſieur le Chevalier eſt fort ſujet à ces ſortes de diſtractions-là. Par exemple....

Madame DU REZEAU.

J'y vais mettre bon ordre, Marton ; j'y vais mettre bon ordre : je la renferme demain dans un couvent, pour le reſte de ſes jours.

MARTON.

C'eſt bien fait ; mais qui menera donc votre commmerce ?

Madame DU REZEAU.

Mon commerce ? je le quitte, Marton, je le quitte ; il ſeroit beau qu'une Femme comme moi vendît encore du galon & de la dorure.

MARTON.

Ah ! Madame, depuis quelque temps, vous en donnez plus que vous n'en vendez.

Madame DU REZEAU.

Je me marie demain ; celui que j'épouſe eſt un des meilleurs Gentils-hommes.

MARTON.

Qui? Monſieur de l'Eſcompte?

Madame DU REZEAU.

Qui te parle de Monſieur de l'Eſcompte? Suis-je faite pour un Agent de Change? C'eſt Monſieur le Chevalier Bouteſelle que j'épouſe.

MARTON.

Miſéricorde!

Madame DU REZEAU.

J'aurai de beaux Laquais, Marton.

MARTON.

Et Monſieur, de jolies Femmes de Chambre.

Madame DU REZEAU.

J'aurai un Intendant.

MARTON.

Et Monſieur une Femme de Charge.

Madame DU REZEAU.

Je ferai de toi une Fille d'honneur.

MARTON.

Je vous aurai une grande obligation.

Madame DU REZEAU.

Je me promenerai, toutes les après-dînées, ſur le Boulevard, en Cabriolet; j'apprendrai à mener.

MARTON.

A commencer par votre Mari?

Madame DU REZEAU.

Dès demain je prendrai un carroſſe.

MARTON.

Et Monſieur le Chevalier une chaiſe de poſte.

Madame DU REZEAU.

Comment ! Il me ſemble que tu doutes de ſes ſentimens pour moi?

MARTON.

Oh ! pas autrement; mais en avez-vous des preuves bien ſolides?

Madame DU REZEAU.

De très-ſolides. Par exemple, il a bien voulu accepter de moi trois-cents louis pour remonter ſa Compagnie; il n'a point fait difficulté de me demander encore deux-mille aunes de point d'Eſpagne, pour galonner ſes ſoldats ſur toutes les coutures; tout ſera chamarré juſqu'auxbottines : cela fera la plus brillante Compagnie, le plus beau coup-d'œil!

MARTON.

Et le plus ſingulier. Mais il me ſemble que votre cher Futur ſe fait bien attendre.

Madame DU REZEAU.

Il eſt peut-être déjà arrivé : holà, garçon, garçon ?

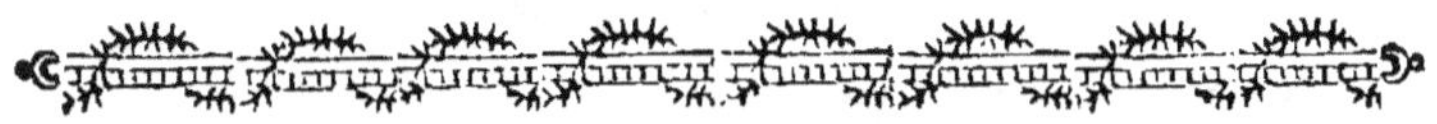

SCENE VIII.

Madame DU REZEAU, MARTON, LE GARÇON DE CAFFÉ.

Madame DU REZEAU.

NA-T-ON pas commandé ici à ſouper pour trois perſonnes ?

LE GARÇON.

Oui, Madame, & le couvert eſt très-proprement mis dans la petite chambre qui donne ſur l'égoût.

Madame DU REZEAU.

C'eſt cela ; conduiſez-nous-y.

LE GARÇON.

Je n'ai point ordre de cela, Madame.

Madame DU REZEAU.

Comment! N'est-ce pas le Chevalier Boutefelle, un grand jeune homme d'une taille légere, en plumet, de grands cheveux nattés, & en uniforme?

LE GARÇON.

Non, Madame.

Madame DU REZEAU.

Qu'est-ce que cela veut dire?

LE GARÇON.

Pardon, Madame; je n'ai pas le temps de m'arrêter. Allons, allons, on y va.

Madame DU REZEAU.

Attendons ici: le Chevalier est trop galant-homme pour me manquer de parole.

MARTON.

Il n'en a jamais manqué; il en donne tant qu'on en veut.

Madame DU REZEAU.

Mais qu'est-ce que je vois? Quel fâcheux contre-temps! C'est Monsieur de l'Escompte.

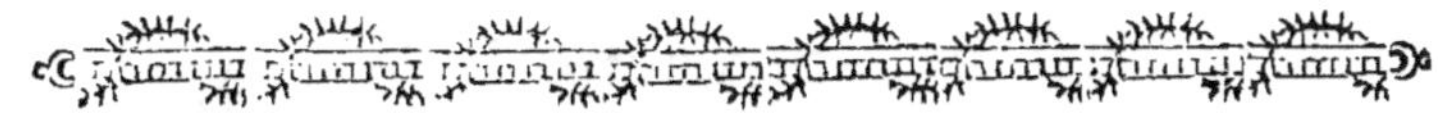

SCENE IX.

Madame DU REZEAU, MARTON, M. DE L'ESCOMPTE.

M. DE L'ESCOMPTE.

AH! ah! vous voilà, ma chere Maman! Comment! ſi tard aux Boulevards!

Madame DU REZEAU.

Oui, j'avois des vapeurs, je ſuis venue ici avec Marton pour les diſſiper, & j'étois bien aiſe d'être ſeule.

M. DE L'ESCOMPTE.

Serois-je de trop?

MARTON.

Cela ſe pourroit bien; ce ſont des vapeurs de Veuvage.

M. DE L'ESCOMPTE.

Eh bien! pour les faire paſſer, nous parlerons de notre Mariage; c'eſt le moment de terminer nos affaires. Il y a neuf ans que Madame me berce d'eſpérances;

elle doit ſe ſouvenir qu'en 749 nous nous ſommes fait une promeſſe de Mariage reſpective, quatre ans avant la mort de ſon Mari. J'ai cet effet dans mon porte-feuille.

MARTON.

Eh bien! vous n'avez qu'à le négocier ſur la place.

M. DE L'ESCOMPTE.

Il n'eſt point queſtion de plaiſanterie; il eſt temps de nous marier, ou jamais.

Madame DU REZEAU.

Ou jamais, c'eſt bien dit; (*bas, à Marton.*) mais je vois une petite Marchande qui vous fait des ſignes.

M. DE L'ESCOMPTE.

Eh bien! Madame, quel eſt le réſultat?

Madame DU REZEAU, *bas à Marton.*

Fais-la approcher.

M. DE L'ESCOMPTE.

Vous ne me dites rien, vous êtes d'une inquiétude....

SCENE X.

Les Acteurs précédens, LA PETITE MARCHANDE DE PLAISIR.

LA MARCHANDE, *chante.*

V'LA la p'tit' Marchand' de plaiſir ;
Qu'eſt-ce qui veut du plaiſir,
Du plaiſir, du plaiſir?
(*A M. de l'Eſcompte.*)
Monſieur, ne vous faut-il rien du nôtre?

Madame DU REZEAU, *à la petite Marchande.*

Oui, oui, venez-çà.

M. DE LESCOMPTE, *à part.*

Ouais, il y a ici du myſtere : obſervons.

LA MARCHANDE *préſente des cornets à M. de l'Eſcompte, & donne un Billet à Madame du Rezeau.*

Tenez, Monſieur, prenez ces cornets.

M. DE L'ESCOMPTE *ſaiſit le Billet, & la petite Marchande s'enfuit.*

Doucement, doucement. Ah! ah! un billet ; c'eſt de l'écriture de Monſieur le Chevalier Boutefelle.

Madame DU REZEAU.

Eh! vous rêvez, Monſieur.

M. DE L'ESCOMPTE.

Eh! non, Madame; ſon caractere m'eſt familier; j'ai pluſieurs obligations de ſa main.

Madame DU REZEAU.

Quoi qu'il en ſoit, remettez-moi ce billet.

M. DE L'ESCOMPTE.

Je ne le rendrai point que je ne ſois éclairci de mes ſoupçons.

Madame DU REZEAU.

Eh bien! autant vaut que vous ſoyez inſtruit la veille que le lendemain; j'épouſe le Chevalier

M. DE L'ESCOMPTE.

Eſt-il poſſible? Comment! Un Petit-Maître!

MARTON.

Madame ſe fait Petite-Maitreſſe: les voilà de niveau

M. DE L'ESCOMPTE.

Un étourdi, qui n'a d'autre mérite que celui d'amuſer les Femmes avec le jargon de la frivolité, pour en faire des dupes!

Madame DU REZEAU.

AIR : *Sotte Méthode.*

Ainsi doit être
Un Petit-Maître,
Léger, amusant,
Vif, complaisant,
Plaisant;
Railleur aimable,
Traître adorable;
C'est l'homme du jour,
Fait pour l'amour.

M. DE L'ESCOMPTE.

D'un fade langage,
D'un froid persifflage
Il fait un vain étalage;
Il veut tout savoir,
Il veut tout voir :
Sur tout il chicane,
Et ricane,
Jugeant de tout
Sans goût.

Madame DU REZEAU.

Ainsi doit être
Un Petit-Maître,
Léger, amusant,
Et sur le ton plaisant;

Railleur aimable,
De tout capable;
C'est l'homme du jour
Fait pour l'amour.

M. DE L'ESCOMPTE.

De la femme qu'il aura
Bientôt il se laissera.

MARTON.

On s'attend bien à cela;
Mais, chacun de son côté,
Même liberté,
Et rien ne sera gâté.
A peine on se voit
Sous le même toît:
Chacun, comme étranger,
Peut vivre à sa guise,
Et s'arranger,
Sans qu'on s'en formalise.

Madame DU REZEAU.

Ainsi doit être
Un Petit-Maître.
Libre en ses desirs,
De plaisirs en plaisirs
Sans cesse il vole:
Toujours frivole,
C'est l'homme du jour
Fait pour l'amour.

M. DE L'ESCOMPTE.

M. DE L'ESCOMPTE.

L'eſprit dégagé
De tout préjugé,
Un goût de caprice
Le prendra pour quelque Actrice.
Il la meublera
Et l'étalera,
Et dans la couliſſe
D'un ſouper lui parlera....
Viens, c'eſt à l'écart,
Sur le rempart....
Sa déſobligeante
Y conduit l'Infante.
Là, parlant d'abord,
Penſant après,
On donne eſſor
Aux malins traits;
L'abſent a tort,
Et les bons mots
Sont les plus ſots propos.

On parle vers,
Concerts,
Bijoux,
Ragoûts,
Chevaux,
Romans nouveaux,

Pagodes,
Modes;
On médit,
On s'attendrit,
On rit:
Grand bruit,
Au fruit;
Au bal on acheve la nuit.

Le matin, mis comme un valet,
Pâle & défait,
Monſieur, dans un cabriolet,
Part comme un trait,
Et pouſſe deux
Chevaux fougueux,
Qui, ſecouant leurs crins poudreux,
Renverſent ceux
Qui ſont contre eux,
Et, s'échappant
En galoppant,
Dans ce fracas,
Doublent le pas.

Notre moderne Phaéton,
Prenant un ton,
Va chez pluſieurs femmes de nom,
Leur fait la cour pour les trahir;
Les aime comme on doit haïr;

Ensuite il envoye un Coureur
Chez le Maignant, chez l'Empereur, *
Demander des assortimens,
Des rivieres de diamans,
Pour sa Déesse d'Opéra,
Qui bientôt s'en rira.

Madame DU REZEAU & MARTON.

Ainsi doit être
Un Petit-Maître;
C'est l'homme du jour
Fait pour l'amour.

M. DE L'ESCOMPTE.

C'en est fait, Madame: avec de pareils sentimens, vous n'êtes plus digne de moi.

Madame DU REZEAU.

C'est bien dommage!

MARTON.

Nous avons de quoi nous consoler.

M. DE L'ESCOMPTE.

Voyons donc à présent le style de votre beau Chevalier.

Madame DU REZEAU.

Ah! voyez à présent, cela m'est égal: Vous y verrez qu'il m'adore, & qu'il va se rendre ici afin de convenir des articles.

* *Fameux Bijoutiers.*

MARTON.

Oui, voyez.

M. DE L'ESCOMPTE.

Hum. Ceux-ci ne seront pas de votre goût; écoutez. (*Il lit.*) *Madame, je viens de recevoir l'ordre de partir sur le champ avec ma Compagnie; j'ai jugé à propos de vous épargner la tristesse de nos adieux.*

Madame DU REZEAU.

Ah, Ciel!

M. DE L'ESCOMPTE *lit.*

Je suis dans le dernier désespoir;

Madame DU REZEAU.

Le pauvre garçon!

M. DE L'ESCOMPTE *lit.*

Et j'y succomberois infailliblement, si Mademoiselle votre Fille n'avoit la complaisance de m'accompagner pour me donner quelque consolation, afin de m'empêcher de mourir.

Madame DU REZEAU.

Ah, le scélérat!

M. DE L'ESCOMPTE *lit.*

Je l'épouse en reconnoissance d'un si bon procédé; ce que j'ai reçu de vous est un à-compte sur sa dot.

Le Chevalier DE BOUTESELLE.

MARTON.

Le pauvre garçon !

Madame DU REZEAU.

Je ſuis trahie, ruinée, aſſaſſinée : eh ! vîte, eh ! vîte, des chevaux de poſte & en quantité ; je veux courir à franc étrier, pour les rejoindre plutôt.

MARTON.

Hoé, hoé, hoé.

M. DE L'ESCOMPTE.

Ma foi, elle n'a que ce qu'elle mérite, & je m'en conſole.

SCENE XI.

DEUX CHANSONNIERS *chantent alternativement les couplets ſuivans.*

Air : *Comme un oiſeau, &c.*

Vous qui voulez des chanſonnettes,
Venez, venez en faire emplettes,
Fill's, & Garçons.
Fermez la bouche, ouvrez l'zoreilles,
Et vous entendrez des merveilles :
Chanſons, chanſons !

❀

Un Philoſophe d'importance
Va changer les mœurs de la France,
Par ſes leçons :
On verra ſa Morale utile
Réformer la Cour & la Ville :
Chanſons, chanſons !

❀

Des apprentifs de la finance
Il corrige l'impertinence
Et les façons :
Les petits Commis de province
Ne prendront plus des airs de Prince :
Chanſons, chanſons !

On verra les époux ſideles
S'aimer comme des tourterelles
A l'uniſſon :
Le monde ſe fera ſcrupule
De les tourner en ridicule :
Chanſon, chanſon !

❁

Des Officiers, dans leur abſence,
Auront toujours même conſtance
Pour leurs tendrons :
En revenant près de leurs Belles,
Il les retrouveront fidelles :
Chanſons, chanſons !

❁

Les Abbés auront l'air moins leſte,
Tout va prendre le ton modeſte,
Juſqu'aux Gaſcons :
On n'aura plus de ces Coquettes
Pour qui les Seigneurs font des dettes :
Chanſons, chanſons !

❁

Ces Politiques inutiles
Dans les Caffés prenant des Villes
A leur façon,
Vont régler, non le Miniſtere,
Mais leur maiſon, qui ne l'eſt guere :
Chanſon, chanſon !

Nymphes du Cours, dont l'opulence
Promene à grand bruit l'indécence
En Phaéton,
Vous n'irez plus en mascarade
Du déshonneur faire parade :
Chanson, chanson !

(*Les Marchands des Boulevards prient les Chansonniers de jouer du violon pour les faire danser.*)

MENUETS ET CONTREDANSES.

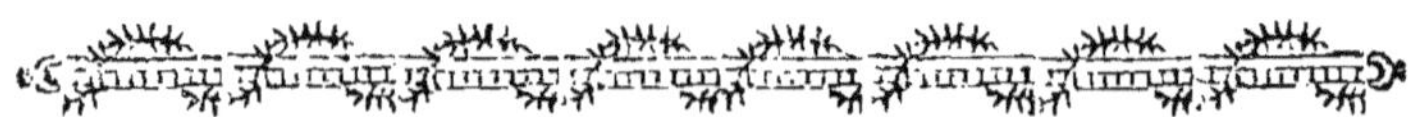

SCENE XII.

Madame BONTOUR, *déguisée en Savoyarde*, UNE SAVOYARDE.

Madame BONTOUR.

JE te suis bien obligée, ma petite amie, de l'habit que tu m'as prêté ; voilà pour ta peine ; si je réussis, je t'en donnerai encore autant. Allons nous mettre en sentinelle.

SCENE XIII.

M. BONTOUR, Mlle. CHOUCHOU.

M. BONTOUR.

Refrain.

Allons, gai, réjouissons-nous,
Et faisons les fous.

Mettons-nous ici, ma chere Mademoiselle Chouchou. Garçon, du ratafia, des macarons, de l'eau d'or & des méringues; c'est ici que doit nous rejoindre notre compagnie, pour voir la Fête que l'on donne ce soir sur les Boulevards, en réjouissance de notre victoire.

Mlle. CHOUCHOU.

Madame Bontour n'y viendra-t-elle pas?

M. BONTOUR.

Bon! elle est ennemie de tous divertissemens, quelque innocens qu'ils puissent être; elle est d'une jalousie insupportable; & si je veux jouir d'un peu de bon temps, il faut que je m'échappe.

Air: *Allons, gai, réjouissons-nous.*

Tandis que ma Femme sommeille,
Suivons les plaisirs,

Tout ſert nos deſirs ;
Avec nous, le tendre Amour veille ;
Allons, gai, réjouiſſons-nous :
Que le cœur ſe réveille.

ENSEMBLE.

Allons, gai, réjouiſſons-nous,
Et faiſons les foux.

Mlle. CHOUCHOU.

Si votre Femme vous chagrine,
Laiſſez-la crier ;
On peut s'égayer
Avec une autre à la ſourdine ;
Allons, gai, réjouiſſez-vous
Avec votre voiſine.

ENSEMBLE.

Allons, gai, réjouiſſons-nous,
Et faiſons les foux.

M. BONTOUR.

Que de ſoucis dans le ménage,
De ſoins, d'embarras !
De tout ce tracas,
Bien ſot qui ne ſe dédommage ;
Allons, gai, réjouiſſons-nous,
Il faut ſuivre l'uſage.

ENSEMBLE.

Allons, gai, réjouiſſons-nous,
Et faiſons les foux.

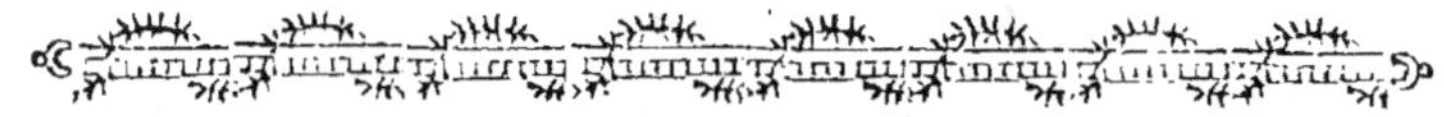

SCENE XIV.

Madame BONTOUR, *en Savoyarde, & les Acteurs précédens.*

M. BONTOUR.

A Votre ſanté, Mademoiſelle Chouchou.

Mlle. CHOUCHOU.

A la vôtre, Monſieur.

Madame BONTOUR, *en Marmotte, chante & danſe en s'accompagnant du Triangle.*

Non, je n'aimerai jamais que vous ;
Qu'un pareil deſtin doit faire de jaloux !
Non, je n'aimerai jamais que vous.

(*A part.*) Ah! voilà mon coquin de Mari avec Mademoiſelle Chouchou, ſa petite Marchande de modes ; ils ne me reconnoîtront pas ſous cet habit de Marmotte : je vais les traiter comme ils le méritent. (*A M. Bontour & à Mlle. Chouchou.*) Voulez-vous un petit air, Monſieur & Madame ?

M. BONTOUR.

Oui-dà, oui-dà, cela nous réjouira : de quel pays êtes-vous, ma petite ?

Madame BONTOUR.

De la Vallée de Barcelonnette, pour ſervir vous, Monſieur.

M. BONTOUR.

Ah! pour ſervir moi; bien obligé : eh bien! chantez-nous quelque choſe.

Madame BONTOUR.

Air : Catherinette.

Quand la Fillette
Eſt à marida,
Larirette,
On la ſouhaite :
C'eſt à qui l'aura.
Mais la pauvrette!
Auſſi-tôt qu'on l'a,
Larirette,
Mais la pauvrette!
On la laiſſe là.

M. BONTOUR.

Parbleu! c'eſt la vérité : par exemple, Madame Bontour & moi, nous nous aimions comme deux tourterelles avant notre mariage.

Madame BONTOUR, *à part.*

Ah, le traître! (*Elle chante.*)

Air : *C'est à toi, charmante Brune.*

Un Époux, une hirondelle,
Ne se fixent pas long-temps ;
Tous les deux, à tire d'aîle,
Cherchent toujours le printemps. *bis.*

❁

Un Amant est tout de flamme ;
Mais l'Hymen refroidit l'air ;
Tout Époux, près de sa Femme,
Grelotte comme en hiver. *bis.*

Mlle. CHOUCHOU.

Madame Bontour ne nous croit pas ici, assurément.

M. BONTOUR.

Non ; elle dort à présent de tout son cœur dans son petit lit à part.

Mlle. CHOUCHOU.

Je crois qu'elle fait de beaux rêves.

M. BONTOUR.

Oh ! je lui en laisse tout le temps, je vous en réponds ; laissons cela, ne pensons qu'à nous divertir.

Madame BONTOUR.

C'est bien dit ; je vais vous donner du divertissement, moi.

M. BONTOUR.

Très-volontiers ; je crois qu'elle eſt jolie, au moins, la petite Marmotte. Voyons, voyons ; ôtez ce mouchoir qui vous cache le viſage.

Madame BONTOUR.

Non, non, Monſieur ; une ſerine m'eſt tombée ſur la tête.

M. BONTOUR.

Une ſerine !

Madame BONTOUR.

Si, ſi, una fredoura, una.... Come, Come .... una fluſſion.

M. BONTOUR.

Ah ! une fluxion.

Madame BONTOUR.

Allons, Monſieur, voyez ma petite curioſité.

M. BONTOUR.

Eſt-elle jolie votre petite curioſité?

Madame BONTOUR.

Oh ! oui, Monſi ur ; on y voit l'armée de la guerre, & toutes ſortes de petites aventures bourgeoiſes qui vous amuſeront ; je ne montre pas ça à tout le monde.

Mlle. CHOUCHOU.

Voyons, voyons, nous ſommes diſcrets.

Madame BONTOUR.

Vous nous donnerez donc quelque choſe, mon bon Monſieur. J'ai un coquin de Mari qui m'abandonne, ma chere Madame : ah ! j'ai bien de la peine ; priez Monſieur votre Amoureux pour moi.

M. BONTOUR.

Tiens, ma Petite.

Madame BONTOUR.

Grand merci, Monſieur, mettez-vous là. (*Elle leur montre ſa curioſité.*) Vous allez voir tout ce que vous allez voir. Voilà l'Armée de la guerre ; voilà la fameuſe deſcente de Meſſieurs l'zAnglois.

Air : *Trinque, trinque, trin.*

Remarquez bien ces Guerriers ingambes,
Qui venoient tenter des exploits nouveaux ;
Leurs troupes s'avancent à toutes jambes,
Mais c'eſt du côté de leurs grands vaiſſeaux.
Dès qu'on eſt à leur pourſuite,
Ils regagnent pavillon ;
Eh ! trinque, trinque, trin,
Ponr les faire aller plus vîte,
Il leur ſaut un coup d'Aiguillon.

Voici un changement de décoration.

Même air.

Vous voyez nos troupes d'Allemagne
Prêtes à cueillir de nouveaux lauriers,
La Victoire qui les accompagne
Vole ſur les pas de nos Officiers.
Chacun d'eſtoc & de taille
Bravement s'eſcrimera,
Eh ! zingue, zingue, zingue;
Ils vont tous à la Bataille
Ainſi qu'au Bal de l'Opéra.

Allons, tue, tue; pon, pon, pon, Soldats, Officiers, Général, les voilà tous dans la mêlée; victoire, victoire; ton, ton, ton, teronton, ton.... Voici maintenant les armées Impériale & Pruſſienne, dignes rivales, animées d'une égale ardeur pour la gloire.

Air : *Ah ! voilà la vie, la vie.*

Dans ſon camp, tranquile,
S'endort le Pruſſien;
C'eſt un ſûr aſyle
Où l'on ne craint rien;
Mais le Général Daune,
En homme plus fin,
Donne, donne, donne
Du réveil-matin.

Remarquez

Remarquez comme les Ennemis abandonnent leurs canons & leurs tentes, qui les embarrassoient, & font de leur armée un camp volant.

Vous allez voir présentement une petite Aventure Bourgeoise, arrivée depuis peu sur les Boulevards; mais chut.

Mlle CHOUCHOU.

Oui, oui, nous n'en dirons rien.

Madame BONTOUR.

C'est une petite partie nocturne qu'un bon Mari a faite avec sa Maitresse; il fait coucher sa Femme, & fait semblant d'aller se mettre au lit.

Air : *La bas sous ces verds pommiers.*

Mais la Femme en a du soupçon,
Farlarira don, don.
Allez avec votre tendron,
Hon, hon, hon!
Petit frippon;
Farlarira, larira, dondaine,
Farlarira don, don.

Air : *Ah! la voilà, la voilà, là.*

Cet Époux, dans un doux transport,
Dès qu'il croit qu'elle dort,
Sort.

M. BONTOUR.

Ah ! ah ! on diroit que c'eſt notre aventure.

Mlle CHOUCHOU.

Oui, voilà qui eſt plaiſant.

Madame BONTOUR.

Voyez, voyez. (*Elle continue.*)

Et ſa Femme, d'une autre part,
Pour les ſuivre au rempart,
Part.

Mlle CHOUCHOU.

Ce ne ſeroit pas là notre compte.

M. BONTOUR.

Nenni, parbleu !

Madame BONTOUR.

Voyez, voyez. (*Elle chante.*)

En Marmotte elle s'habilla,
Les ſurprit & les étrilla. (*ter.*)

M. BONTOUR.

Que vois-je ? C'eſt ma Femme !

Mlle CHOUCHOU.

Madame Bontour !

Madame BONTOUR. (*Elle pourſuit M. Bontour, en le roſſant.*)

Oui, la voilà, la voilà, là.

Mlle CHOUCHOU.

Au ſecours, au ſecours !

M. BONTOUR.

À l'aide, à l'aide !

Madame BONTOUR.

Au Guet, au Guet !

(*Danse des Savoyards, qui se réjouissent du succès de Madame Bontour.*)

SCENE XV.

LA VICTOIRE, *Grenadier*, UN GARÇON.

LA VICTOIRE.

Air : *Des Pantins.*

Tous les cœurs sont réjouis
Dans ce bon pays de France ;
Tous les cœurs sont réjouis
Par-tout où regne Louis.

Garçon ! à boire.

LE GARÇON.

Il y a des cabarets plus loin.

LA VICTOIRE.

Je suis bien ici ; qu'on me serve.

LE GARÇON.

On ne reçoit point ici de Soldats.

LA VICTOIRE.

Comment ? ventrebleu ! tu n'as jamais eu de meilleure compagnie ; apprends que je ſuis Grenadier, que j'ai pour camarades des Princes du Sang.

LE GARÇON.

Oh ! je n'ai plus rien à dire ; qu'eſt-ce qu'il vous faut, de la biere ?

LA VICTOIRE.

Fi donc, c'eſt une boiſſon Angloiſe ; donne-moi du vin.

LE GARÇON.

Je ſuis à vous.

LA VICTOIRE.

Air : *Des Pantins.*

Tandis que les Officiers
Vont combattre l'Angleterre,
Abbés, Robins, Financiers,
A Paris font les Guerriers.
Chaque jour de quelque Iris,
Bruſquement le cœur eſt pris :
Ici l'on ne fait la guerre
Qu'aux Mamans & qu'aux Maris.

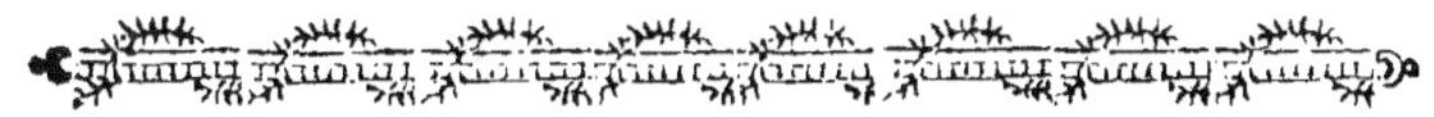

SCENE XVI.

LA VICTOIRE, GRIFFONNET, *Clerc de Procureur.*

GRIFFONNET.

EH! bonjour, notre cher Coufin.

LA VICTOIRE.

Ah! ah! c'eſt toi, l'ami Griffonnet.

GRIFFONNET.

Je fuis charmé de te voir, mon pauvre Nicolas Flanchon.

LA VICTOIRE.

Tout beau! ne m'appelle plus comme cela; je me nomme LA VICTOIRE: je fuis ennobli depuis que tu ne m'as vu.

GRIFFONNET.

Où font tes Titres?

LA VICTOIRE.

Les voilà: c'eſt mon arc-en ciel de fer; quand on s'en fert bravement pour le bien de l'Etat & le fervice de fon Prince, ça vaut mieux que tous les parchemins du monde.

GRIFFONNET.

Tu as raiſon ; c'eſt de la bonne nobleſſe, celle-là.

LA VICTOIRE.

Sarpejeu ! j'riſquons not'perſonne pour l'acquérir, au lieu que bien d'autres ne riſquent que des zéros.

GRIFFONNET.

Mais par quelle aventure es-tu à Paris?

LA VICTOIRE.

J'ai obtenu un petit congé pour venir ici placer de l'argent que j'ai hérité des Anglois ; cependant je pars demain pour rejoindre ; ſi tu veux, tu ſeras des nôtres.

GRIFFONNET.

Je le voudrois bien ; mais ....

LA VICTOIRE.

Quoi? mais! Qu'eſt-ce que tu fais ici?

GRIFFONNET.

Je ſuis toujours Clerc de Procureur, & Bel-eſprit ; je fais des pièces d'écritures pour ruiner des familles, & des pièces de vers pour détruire des réputations.

LA VICTOIRE.

Tu fais-là un chien de métier, mon ami.

GRIFFONNET.

Air : *Voilà la différence.*

Comme toi, dans mes exploits,
J'ai des risques quelquefois.

LA VICTOIRE.

Voilà la ressemblance.
Je montre le fruit des miens,
Tu caches celui des tiens ;
Voilà la différence.

Crois-moi, Cousin, il n'est rien tel que d'aller tête levée : vive la guerre & les gens de cœur pour cela !

GRIFFONNET.

Ce n'est pas le cœur qui me manque ; je suis François. Mais tu as déja dix ans de service : avant que je parvienne comme toi, & que je sache faire l'exercice à la Prussienne...

LA VICTOIRE.

Tarare !

Air : *Il étoit un Moine Blanc.*

Tout François, dans les combats,
Devient Héros au premier pas ;
Il suffit que le cœur nous mene :
Voilà not' vrai Capitaine.

GRIFFONNET.

Et puis, je t'avouerai franchement que je suis trop attaché à la profession de Bel-esprit.

LA VICTOIRE.

Est-ce que tu la crois incompatible avec la nôtre ?

Air : *Tout roule aujourd'hui dans le monde.*

En France un vaillant Militaire
Unit l'esprit à la valeur :
Les graces, le talent de plaire
N'empêchent point d'avoir du cœur.
J'aurions une liste fort ample
Des biaux esprits qui sont Héros.
On t'en citeroit maint exemple
Parmi nos braves Généraux.

Têtebleu ! je ne conseillerois pas aux plus habiles d'en faire assaut avec eux ; c'est qu'un trait n'attend pas l'autre. Ils vous poussent des bottes, pif, paf... Eh bien ! dans la bataille, c'est de même ; l'esprit vif, la tête froide, le cœur chaud : en trois mots, voilà leur portrait.

GRIFFONNET.

Tu me décides ; donne-moi la cocarde.

LA VICTOIRE.

Tiens, voilà mon chapeau; je te fais ſoldat; &, puiſque tu as la fureur du bel-eſprit, je te crée Chanſonnier du Régiment.

GRIFFONNET.

Soit; je chanterai nos Généraux, & je chanſonnerai nos Ennemis.

LA VICTOIRE.

Tu ne manqueras pas de matiere: marche à moi. Ah çà, qu'eſt-ce que tu veux d'engagement?

GRIFFONNET.

D'engagement!... Fi donc! eſt-ce que l'on vend le ſervice que l'on doit à ſa Patrie? L'on eſt trop payé pour la gloire que l'on en retire; je ſers *gratis*, morbleu! *gratis*.

LA VICTOIRE.

Embraſſe-moi, Couſin.

A cette noble ardeur, je reconnois mon ſang.

GRIFFONNET.

Têtebleu! ventrebleu! je me crois déjà dans l'action avec les Ennemis.

Air: *De tous les Capucins du monde.*

Par la ſembleu! je vous enferre
Ces drôles-là.

LA VICTOIRE.

Doucement, Frere :
Parle mieux de gens aguerris,
Pour qui la victoire a des charmes;
C'est la valeur des ennemis
Qui fait la gloire de nos armes.

GRIFFONNET.

Qu'est-ce que j'entends ?

LA VICTOIRE.

C'est notre ami La Fleur, Soldat au Regiment d'Orléans, qui vient ici avec sa recrue, & tout le peuple qui se réjouit des avantages que nous avons remportés.

GRIFFONNET.

Allons, morbleu ! vive le Roi !

SCENE XVII & derniere.

LA VICTOIRE, GRIFFONNET, M. BONTOUR, Mme BONTOUR, LA FLEUR, *Soldats & nouveaux Enrôlés. Differentes Personnes du Peuple.*

DIVERTISSEMENT.

(*Ici se chante le Duo.*)

M. BONTOUR.

De nos Guerriers chantons la gloire,
Que tout célebre leurs succès ;
Marchez, marchez à la victoire,
Braves soutiens de nos François;
Tout va répondre à votre zele,
La fortune aide un cœur ardent ;
Rli, rlan, rli, rlan,
Suivez l'honneur qui vous appelle,
R'lan, tanplan, tambour battant.

LA VICTOIRE, *à Griffonnet.*

Je veux au bout d'une campagne,
Te voir déjà joli garçon ;
Des Héros que l'on accompagne

On ſaiſit l'air, on prend le ton;
Des Ennemis, ainſi qu'des Belles,
On eſt vainqueur, en l'zimitant;
R'li, r'lan, r'li, r'lan,
On prend d'aſſaut les Citadelles,
R'lan, tanplan, tambour battant.

LA FLEUR.

Braves garçons que l'honneur mene,
Prenez parti dans Orléans,
Not' Coronel, grand Capitaine,
Eſt le Patron des bons vivans.
Dam' il falloit le voir en plaine
Où le danger étoit l'plus grand;
R'li, r'lan, r'li, r'lan,
Lui ſeul en vaut une douzaine,
R'lan, tanplan, tambour battant.

LA VICTOIRE.

Nos Officiers, dans la bataille,
Sont pêle-mêle avec nous tous;
Il n'en eſt point qui ne nous vaille,
Et les premiers ils vont aux coups;
Un Général, fût il un Prince,
Des Grenadiers ſe met au rang;
R'li, r'lan, r'li, r'lan,
Fond ſur l'zennemis & vous les rince,
R'lan, tanplan, tambour battant.

LA FLEUR.

Vaillant & fier ſans arrogance,
Et reſpecter ſes ennemis,
Brutal à qui fait réſiſtance,
Honnête à ceux qui ſont ſoumis,
Servir le Roi, ſervir les Dames,
Voilà l'eſprit du Régiment:
R'li, r'lan, r'li, r'lan,
Tous nos Guerriers ſont bonnes lames,
R'lan, tanplan, tambour battant.

LA VICTOIRE, *à un Garçon.*

Viens vîte prendre la cocarde:
Du Régiment quand tu ſeras,
Avec reſpect, j'veux qu'on te r'garde;
Le Prince eſt l'Chef, & j'ſons les bras.
Par le courage on ſe reſſemble,
J'ons même cœur & ſentiment:
R'li, r'lan, r'li, r'lan,
Droit à l'honneur j'allons enſemble,
R'lan, tanplan, tambour battant.

M. BONTOUR.

La jeune Agnès devint ma femme,
J'étois le maître à la maiſon:
Au bout d'un mois changement d'gamme,
Elle fut pire qu'un Dragon.
Pauvres Epoux, voyez ma peine,
Si je m'échappe un ſeul inſtant,

R'li, r'lan, r'li, r'lan,
R'lan, tanplan, elle me mene,
R'lan, tanplan, tambour battant.

Madame BONTOUR.

Quand un mari fait bon ménage,
Que de ſa femme il eſt l'amant,
Frauder ſes droits eſt un outrage
Que l'on excuſe rarement.
S'il va courir la pretentaine,
Ne peut-on pas en faire autant ?
R'li, r'lan, r'li, r'lan,
R'lan. tanplan, on vous le mene,
R'lan, tanplan, tambour battant.

LE BARBIER.

A la beſogne je m'apprête,
Et mon raſoir aura le fil :
Aux ennemis j'lav'rai la tête ;
A ſavonner, je ſuis ſubtil.
Tout auſſi ſûr qu'un Roi de Garbe,
En arrivant au Régiment,
R'li, r'lan, r'li, r'lan,
Je veux à tous faire la barbe,
R'lan, tanplan, tambour battant.

LA VICTOIRE.

Lorſque la guerre diminue
Le nombre des ſoldats d'Cypris,

A l'Opéra faites recrue,
Jeunes Coquettes de Paris :
Là vous enrôlerez ſans peine
L'homme de Robe & le Traitant :
R'li, r'lan, r'li, r'lan,
R'lan, tanplan, on vous les mene,
R'lan, tanplan, tambour battant.

Huſſards d'Amour, votre milice
A, comme nous, l'eſprit grivois ;
A peine eſt-on dans le ſervice,
Qu'on fait déja nombre d'exploits :
Adroite & prompte à l'exercice,
Fille s'inſtruit en un inſtant.
R'li, r'lan, r'li, r'lan,
Dès quatorze ans la plus novice
Mene un Galant tambour battant.

Peuple françois, votre courage
Nous a fait élever la voix ;
Venez ſouvent voir cet ouvrage,
C'eſt le récit de vos exploits.
Chez vous, au ſeul nom de la gloire,
Tout eſt en feu dans un inſtant.
R'li, r'lan, r'li, r'lan,

Vous courez tous à la victoire,
R'lan, tanplan, tambour battant.

A notre esprit que l'on pardonne,
Il ne produit rien d'excellent;
Mais dans l'ouvrage qu'on vous donne,
Le cœur remplace le talent.
Messieurs, pour cette bagatelle
Tout bon François est indulgent:
R'li, r'lan, r'li, r'lan,
Ne voyez rien que notre zele;
Applaudissez tambour battant.

LA FLEUR, *au Parterre.*

Je m'apperçois que le Parterre
Lui-même se mêle à nos Jeux;
La seule image de la guerre
Anime le cœur & les yeux;
J'en vois plus d'un qui se balance,
Et fait ce geste, en m'imitant,
Et r'li, r'lan, & r'li, r'lan:
En vrai Dragon il chante & danse,
R'lan, tanplan, tambour battant.

FIN.

[illegible]

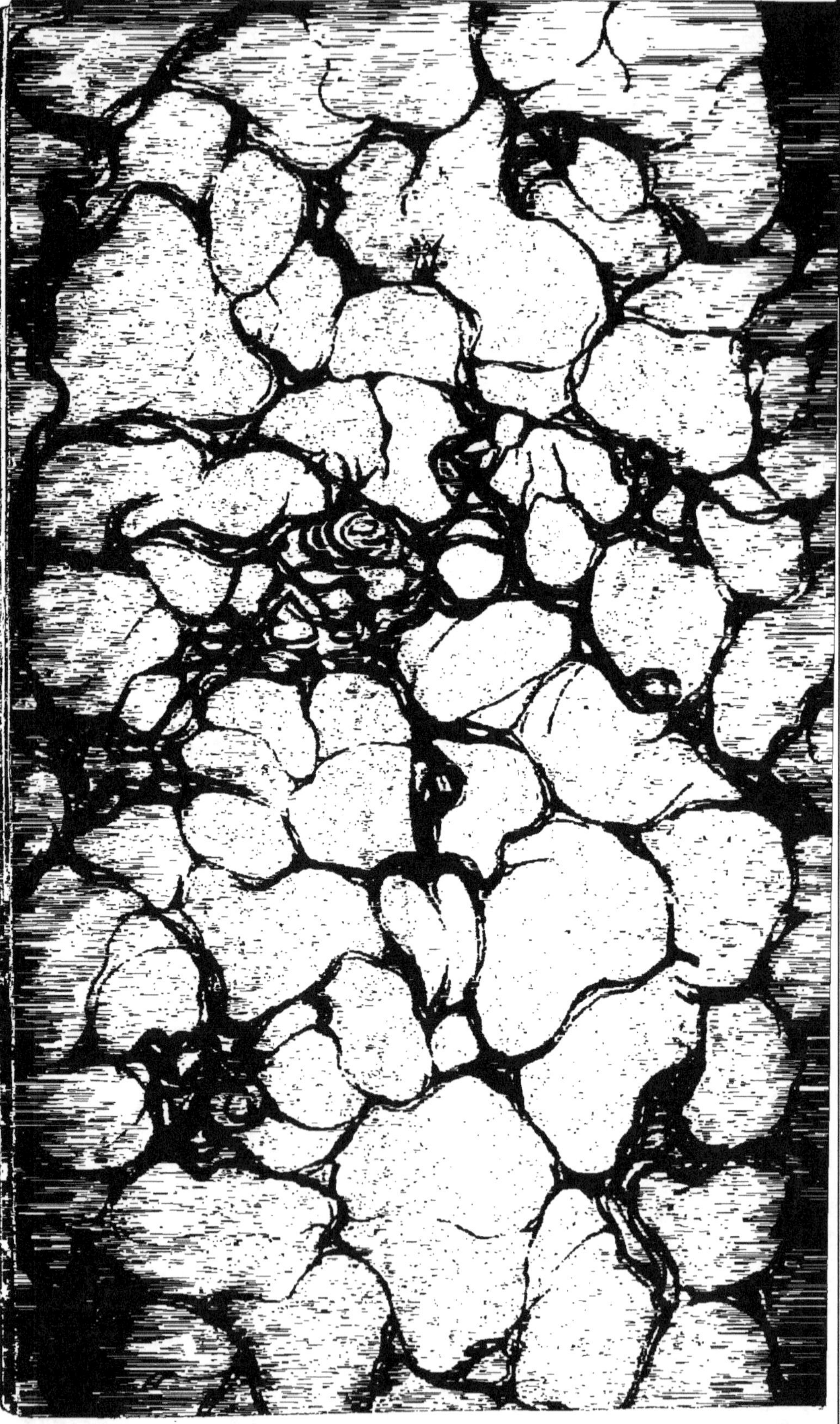

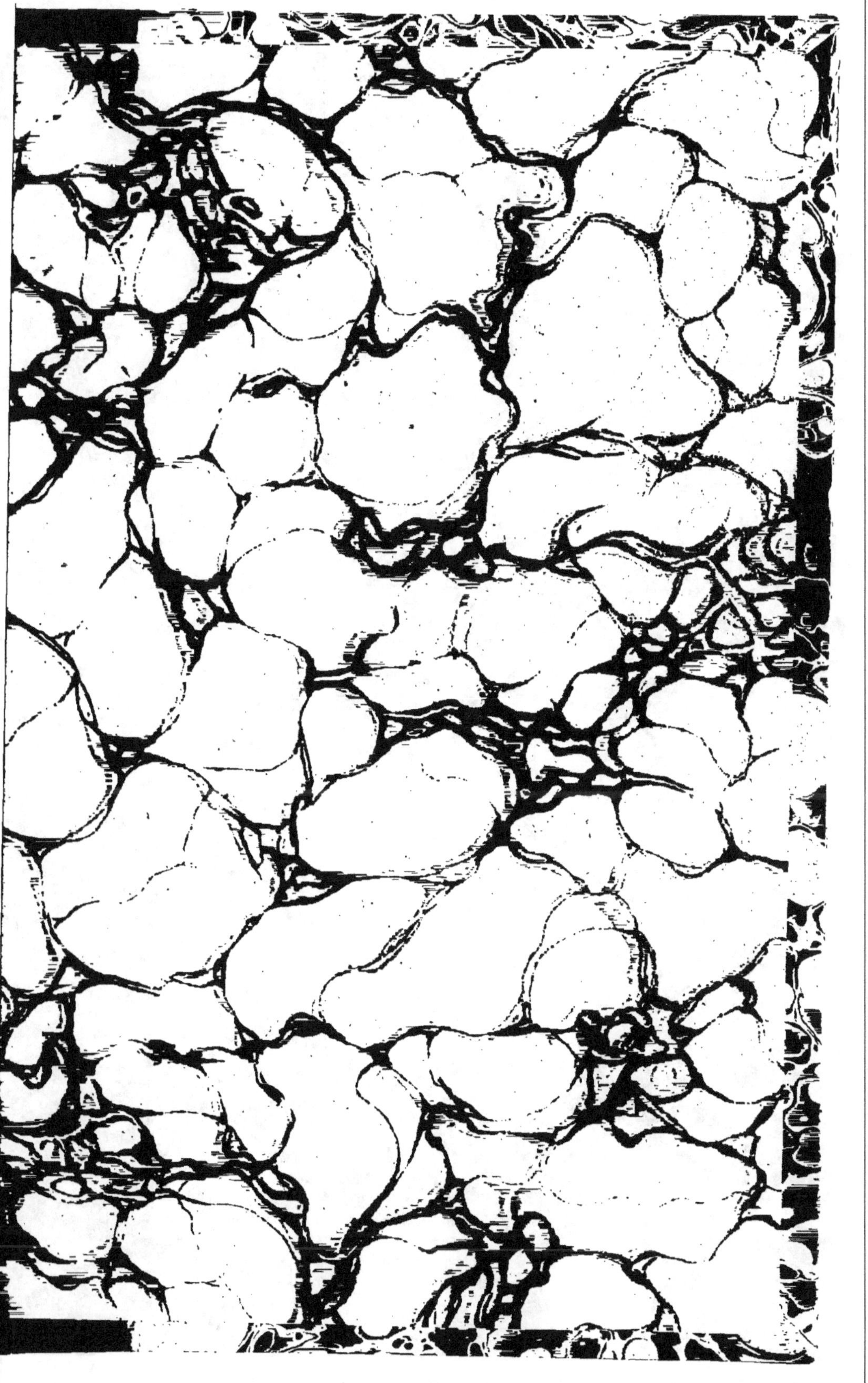

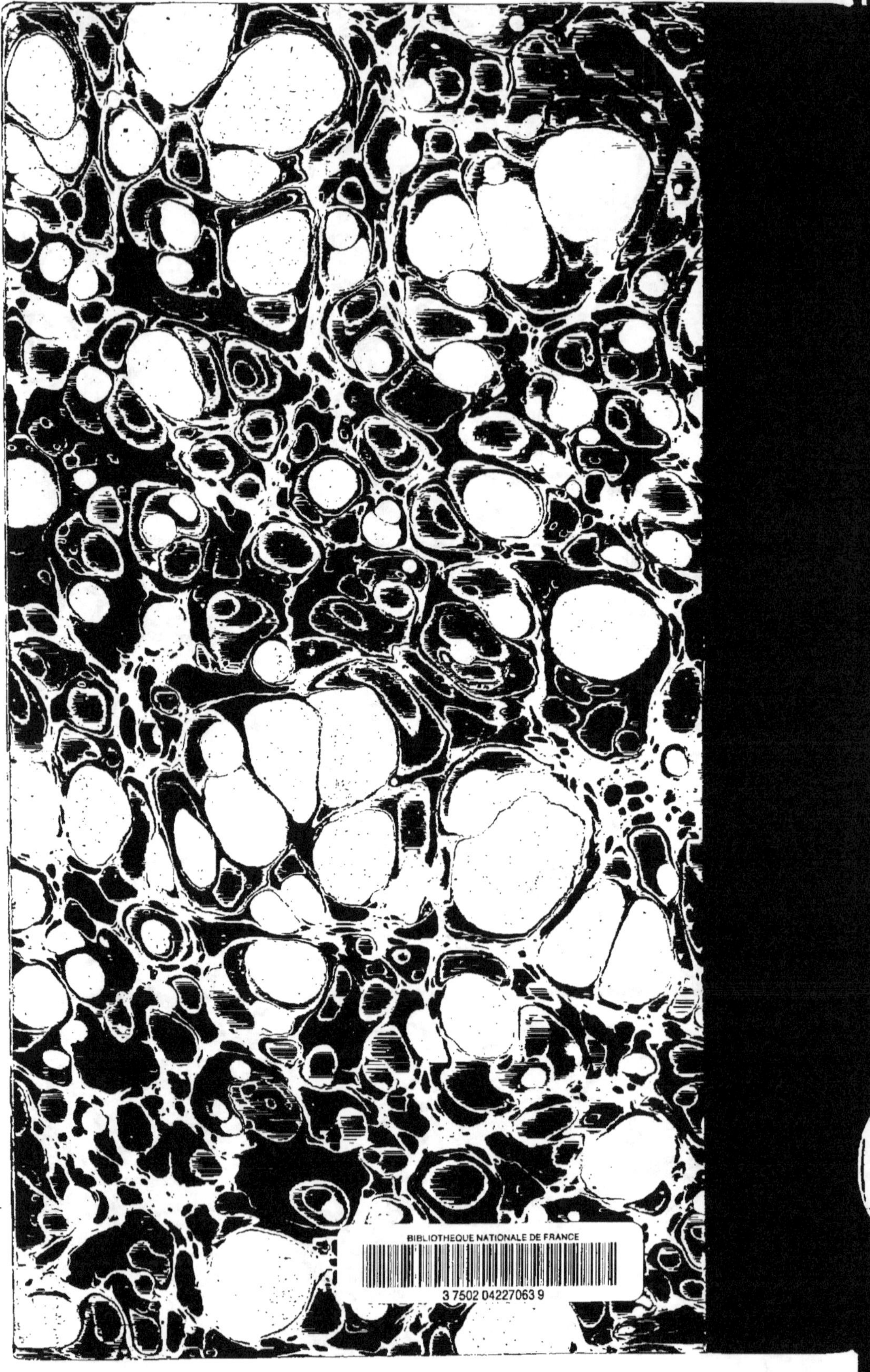

www.ingramcontent.com/pod-product-compliance
Lightning Source LLC
LaVergne TN
LVHW010622110826
845149LV00003B/1010

* 9 7 8 2 0 1 9 6 1 3 1 2 9 *